Mario Watzek & Oliver Glasmacher

Bergbau in Oberveischede

Mario Watzek & Oliver Glasmacher

Bergbau in Oberveischede

Nun fahren wir in finst're Nacht,
der Schlägel Hämmern schallt im Schacht.
Vor Ort die Kumpel graben,
das Gold für unser Gnaden.
So schürfen wir in einem fort,
in Felsgestein im dunk'lem Ort.
Und nach der Schicht wir fahr'n hinauf,
Glück Auf, Glück Auf, Glück Auf!
(M.Watzek, 2015)

Bibliografische Information der Deutschen Nationalbibliothek:
Die Deutsche Nationalbibliothek verzeichnet diese Publikation in der
Deutschen Nationalbibliografie; detaillierte bibliografische Daten sind
im Internet über http://dnb.dnb.de abrufbar.

Herstellung und Verlag: BoD – Books on Demand, Norderstedt
ISBN: 9783738641226

Anlass zu diesem Werk

Die Recherchen die zu dieser Publikation führten wurden von den Heimatfreunden Oberveischede für den Verein Dorfgemeinschaft Oberveischede e.V. angeregt.

Ebenso gab ein Zeitungsartikel von 1914, der sich zum hundertsten Male jährte, einen weiteren Anlass über die Geschichte des Bergbaues in Oberveischede zu forschen.

Mehrere Exkursionen gingen den textlichen Recherchen voraus.

Diese bergbauliche Geschichtsdarstellung des kleinen Dorfes Oberveischede steht stellvertretend für viele andere kleine Dörfer in denen versucht wurde Bergbau zu betreiben.

Es zeigt einmal mehr, dass Bergbau in Nordrhein-Westfalen nicht auf den Kohlebergbau im Ruhrgebiet und den Erzbergbau im Siegerland beschränkt war.

Die Bergbautätigkeiten ziehen sich vielmehr über Jahrhunderte komplett durch unsere gesamte Heimat.

Mal mehr, mal weniger erfolgreich.

Wer in den Wintermonaten des Jahres 1913 die Tageszeitung aufschlug, wird nicht schlecht gestaunt haben, dass in Möllmicke bei Wenden im Kreis Olpe das größte Platinbergwerk Deutschlands eröffnet werden sollte.[1] So staunten sicher auch die Bewohner von Oberveischede nicht schlecht und so konnte man am 5. Mai 1914 im Sauerländischen Volksblatt Folgendes lesen:

"Oberveischede.
Das Vorhandensein von Platin, welches schon längere Zeit in unseren Bergen vermutet wurde, hat sich erfreulicherweise durch Analysen soweit bestätigt, daß die deutsche landwirtschaftliche Treuhandgesellschaft, Sitz Leipzig, am Sonntag sich den Ankauf von über 1000 Morgen Grundbesitz von den hiesigen Bewohnern durch Abschluß notarieller Verträge gesichert hat. Die Gesellschaft will mit der Gewinnung der Edelmetalle schon in nächster Zeit beginnen. Man erwartet, daß es den Bemühungen unserer heutigen Technik gelingt, ein billigeres Extraktionsverfahren zu ermitteln. Den Grundbesitzern ist es freigestellt, innerhalb eines Jahres zu erklären, ob sie eine Dividende oder eine bestimmte Abfindung beanspruchen. Durch die beabsichtigte bergbauliche Anlage wird voraussichtlich auch ein neues ergiebiges Arbeitsfeld sich erschließen, was man nur dringend wünschen kann, da es bisher an industriellen Anlagen und an Arbeitsgelegenheit mangelt. Man

---

1   Böhler, Karl Josef: Der Traum vom weißen Gold. Die Geschichte des einzigen Platinbergwerks in Deutschland. Verlag Die Wielandschmiede, Kreuztal 2005.

kann daher auch eine wirtschaftliche Hebung unserer Gemeinde erhoffen."

Daraufhin entschieden sich 19 Bauern aus Oberveischede, dass sie auch auf ihren Grundstücken in Oberveischede nach diesem Weißen Gold graben wollten.[2]

Da Platin nicht unter das Berggesetz fiel, konnte jeder Grundstückseigentümer auf seinem Grundstück danach graben, vorausgesetzt er hatte auch eine Konzession auf Gold, Silber oder Kupfererz.[3] Die "Deutsche landwirtschaftliche Treuhandbank" zu Leipzig erwarb 1914 die Rechte an Platinvorkommen in Oberveischede von 19 Bauern.[4] Platin wurde jedoch nicht gefunden. Auch hier, wie in Möllmicke, erlosch das Platinfieber wieder. Heute weiss kaum noch jemand etwas davon.

Wahrscheinlich handelte es sich hier, wie auch in Möllmicke, um eine riesige Hochstapelei.

Doch schon früher war Oberveischede das Zentrum einer Eisenerzeugung und im 19. Jahrhundert lebte das Interesse an den Lagerstätten wieder auf, in dem nun landauf landabwärts auch im ganzen

---

2   Vgl. Hundt, Hermann: Brauneisensteinabbau im Attendorner Massenkalk in HSO 1977 S. 149
3   Vgl. Zeitschrift für Elektrochemie und angewandte physikalische Chemie Volume 21, Issue 7-8, Seiten 160–163, 1. April 1915
     http://onlinelibrary.wiley.com/doi/10.1002/bbpc.19150 210711/abstract abgerufen am 22.02.2014
4   Wie Anmerk. 3, sowie : Wochenschrift über die Fortschritte in Wissenschaft und technik, Band 19, 1915. S. 355.

Kreise Olpe nach den Erzlagerstätten geschürft wurden.

Die Verfasser haben sich auf die Suche nach der Geschichte der Bergwerke in Oberveischede gemacht.

Die meisten Angaben stützen sich auf die Durchsicht der Akten des Bergamtes, die von Mario Watzek im Archiv des Bergamtes und von Oliver Glasmacher im Staatsarchiv Münster[5] durchgesehen wurden. Ergänzt wurden die Recherchen durch die in den Fußnoten angegebe Literatur.

Rennfeuerverhüttung

Belegt ist die Verarbeitung von Eisenerz in Oberveischede zu Stabstäben sogar schon für das 11. bis 13. Jahrhundert. Hierzu sind die Forschungen und Ausgrabungen von Manfred Sönnecken durchgeführt und im Jahre 1982 veröffentlicht worden.[6]

Im Apollmicketal konnten in vier Grabungen Hüttenplätze erforscht werden. Hier wurde in Rennfeuern, aus den vor Ort an den Hängen im Ausbiss der Erzgänge aufgesammelten Erzbrocken mit Holzkohle Schmiedeeisen erzeugt. Ergebnis war ein unförmiger Haufen aus Eisen mit Holzkohleresten, "die Luppe". Diese wurde aus dem Ofen herausgebro-

---

5   LVA NRW W Bergämter 16364 Liesenburg / LVA NRW W Bergämter 16733 Hugo 1 / LVA NRW W Bergämter 16731 Hugo 2 / LVA NRW W Bergämter 16730 Hugo 3 / LVA NRW W Bergämter 16679 Hugo 4
6   Vgl. Sönnecken, Manfred: Forschungen zur mittelalterlichen Rennfeuerverhüttung im Kreis Olpe. Olpe. 1982.

chen und dann nebenan in weiteren Feuerstätten erhitzt und zu vierkantigen Stäben ausgeschmiedet. Das Endprodukt wurde als Vormaterial für z.B. Werkzeuge gehandelt. Die hohe Konzentration von Schmelzstätten von Oberveischede bis ins Rahrbachtal, die in der genannten Literatur dokumentiert sind, legt nahe, dass hier der Rohstoff Eisenerz in guter Qualität mit hohem Eisengehalt mehr als ausreichend vorhanden war. Vielleicht wurden auch nur Lesefunde aus vielen kleineren Vorkommen der Umgebung in der Apollmicke verarbeitet.

Die geologischen Niederschriften zeichnen dagegen ein anderes Bild. Heinrich von Dechen stellte 1845 fest, dass der hier von Südost nach Nordwest streichende Porphyr immer wieder Feldspatflecken und größere Partien von Eisenocker enthielte.[7] Weiter ging Mügge 1892 auf das Thema ein und fasste die auch die vorherigen Forschungen zusammen. Er beschrieb auch die durch ihn beobachtenten Eisenvorkommen noch etwas genauer. In der Geologischen Karte Blatt 4913 Olpe[8] des Geologischen Dienstes von 2011 ist der heutige Forschungsstand

---

7   Dechen, Heinrich von: Geognostische Uebersicht des Regierungsbezirks Arnsberg. In: Verhandlungen des naturhistorischen Vereines der preussischen Rheinlande und Westfalens. Jg. 12 NF. Jg. 2 (1855) S. 117-225.
8   Thünker, Michael: Geologische Karte von Nordrhein-Westfalen 1:25000, Blatt 4913 Olpe. Krefeld 2011 einschl. Erläuterungen, 2. Auflage.

nachzulesen. Für den Bergbau in Oberveischede sind folgende Details interessant:

Im Bereich südlich Oberveischede im unteren Apollmicke-Tal streichen zwei geologische Schichten durch die Berge. Es sind einmal die Rimmert -Schichten. Sie fallen hier durch ihre Rotfärbung auf, die auf Eisenocker zurückzuführen ist. In den Gesteinsfugen sind ebenfalls rote Ablagerungen auffällig. Der angrenzende Hauptvulkanit enthält Feldspateinsprengungen und hin und wieder Braunspat, Roteisenstein und Eisenocker und ist dadurch rot bis rotbraun durchfärbt. Die Braunspatmassen sind hin und wieder zu ockrigem Brauneisenstein umgewandelt. In den Störungen setzen Quarzgänge auf, die wie die Ablösungsflächen konzentrationen von Eisenstein enthalten können.

Südlich von Oberveischede finden sich rechts und links des Tals der Apollmicke noch heute viele Denkmäler der umfangreichen Schürftätigkeit. Die allgegenwärtige Rotfärbung kann dazu geführt haben, dass man hier die Schürfarbeiten konzentriert hat, da man Hoffnung hatte, Erze abbauwürdig vorzufinden. Über die verliehenen Vorkommen berichten wir wie folgt:

Grube Liesenburg

Über den Liesenberg sind von dem alten Bergbau noch heute mehrere Halden, Kuhlen und Steinbrüche erhalten.

Hier am Liesenberg wurde am 29. Dezember 1864 von Johannes Schneider, der auf dem Hof Schmellenberg nördlich davon wohnte, ein Eisenstein-, Blei-, Kupfer- und Quecksilbererzgang erschürft.

Drei Jahre zuvor, 1861, wurde die Ruhr-Sieg Bahn eröffnet, die für eine günstige Verkehrsanbindung sorgte.

Beim Besichtigungstermin mit den Vertretern des Bergamtes wurde die Lagerstätte in einem kleinen Stollen von 25 m Länge direkt am Mundloch aufgeschlossen. Es handelte sich um einen Schwerspatgang von ca. 10 cm Stärke in dem Malachit, Kupferkies und Brauneisenstein eingesprengt und in Schnüren enthalten war. Die Lagerstätte fiel mit 20 ° nach Süden ein. Da Quecksilber und Bleierzfunde nicht festgestellt werden konnten, verzichtete Johannes Schneider darauf. Er legte die Muthung schließlich am 15. November 1865 nach zwei erfolgten Ortsbesichtigungen beim Bergamt ein.

Die Verleihung erfolgt am 5. Januar 1866 auf Eisen- und Kupfererze. Das Grubenfeld wurde als ein Rechteck mit 250 Lachtern (ca. 500m) und 100 Lachtern (ca. 200m) vermessen.

Abb. 2: Verleihungsriss der Grube Liesenburg[9]

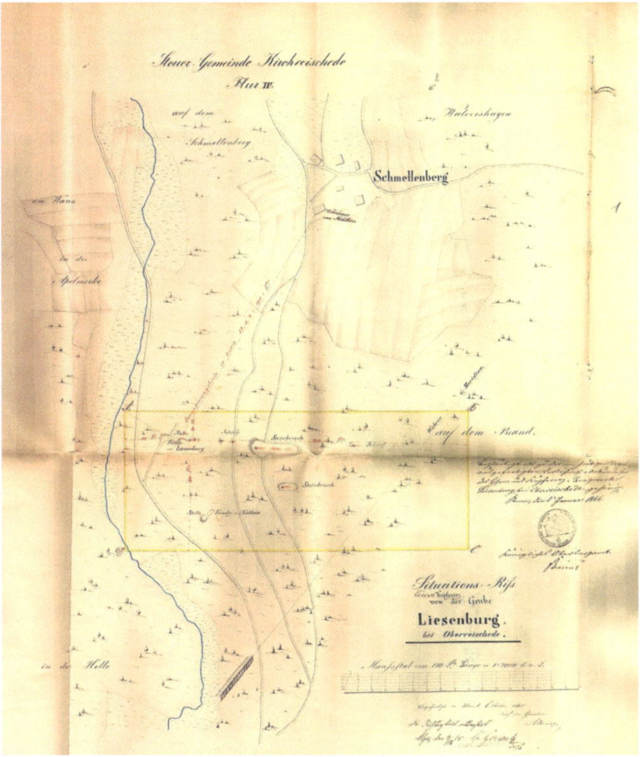

Dann geschah lange nichts. Schließlich verkaufte Schneider die Rechte an der Lagerstätte an die Gewerkschaft Sauerland zu Meinerzhagen. Die Umschreibung erfolgte am 22. Mai 1888.

---

9   Riss aus der Grubenakte der Grube Liesenberg, LVA NRW W Bergämter 16364 Liesenburg

1889 wurde der angeschürfte Gang am Stollen-
mundloch untersucht. Dazu wurde mit zwei Mann,
dem Steiger Jung und einem Hauer, ein neuer Stollen im Streichen dieser Lagerstätte 9 m lang ver-
folgt.

Die anfangs gefundenen einzelnen Kupferschnü-
re waren bald wieder verschwunden und daher wurden die Arbeiten auch wieder eingestellt. Damit en-
dete der Betrieb an der Liesenburg.

Abb. 3: Detail aus Abb. 2, Grubenfeld Liesenburg[10]

10   LVA NRW W Bergämter 16364 Liesenburg

Abbildung 3

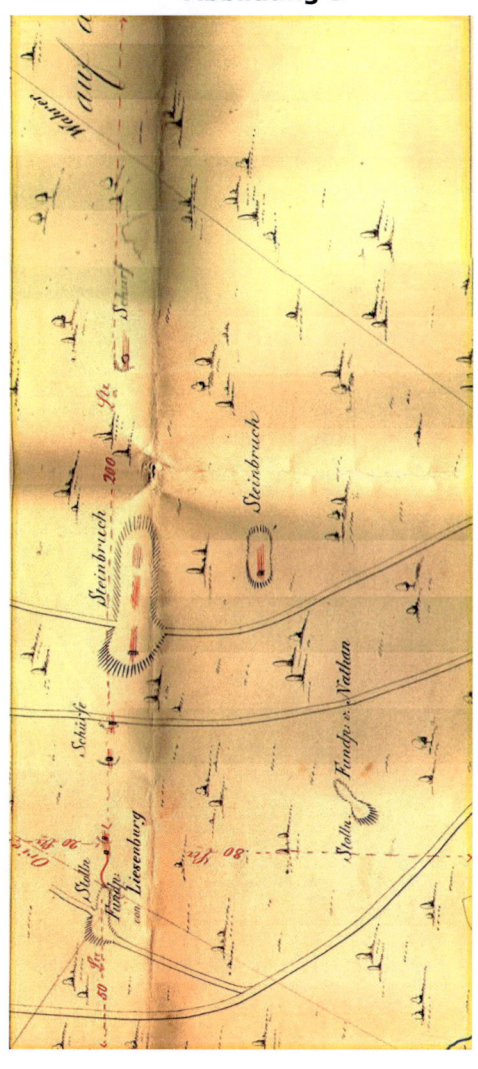

Seine letzte Verwendung fand der Stollen Liesenburg kurz nach Ende des Zweiten Weltkrieges.

In der Umgebung aufgesammelte Granaten wurden in den Stollen gebracht und dort gesprengt.

Ein junger Bruchhauser Mann, welcher bei der Sammel- und Sprengaktion geholfen hatte wurde durch eine explodierende Granate verletzt und verlor dabei sein Augenlicht.[11]

Das Ende dieses Stollens war also damit 1945 besiegelt. In der Landschaft kann man jedoch heute noch Reste des Taleinschnittes zum Mundloch und Haldenreste erkennen.

Abb. 4: Der Stollen von Liesenburg, Handzeichnung aus der Verleihungsurkunde[12]

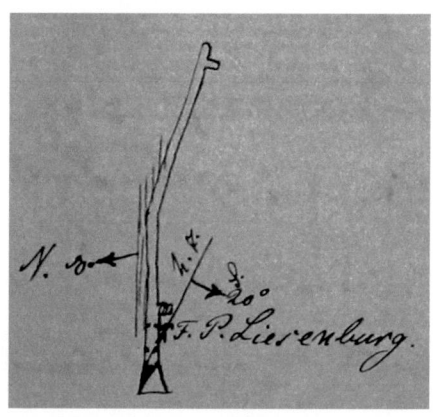

11 Hoberg, Elisabeth: Meine Erlebnisse in Oberveischede während des Zweiten Weltkrieges. In: OGG 22 (2014). S. 286.
12 Handzeichnung des Stollens von Liesenburg aus der Grubenakte, LVA NRW W Bergämter 16364 Liesenburg

Abb. 5: Reste der Halde von Stollen Liesenburg[13]

13   Foto: Mario Watzek, 2015

Abb. 6: Übersicht Stollen von Liesenburg talab-
wärts. Stollen, Halde und Schürfsstellen[14]

14 Foto: Mario Watzek, 2015

Neben dem Stollen Liesenburg gab es im gleichnamigen Grubenfeld noch den Stollen Nathan.

Dieser setzt etwas weiter südwestlich und ca. 25m höher am Berg als der Stollen von Liesenburg in einem Steinbruch an und folgt einem ca. 30-40cm mächtigen Spateisenerzgang. Dieser Erzgang verdrückt sich jedoch bereits nach ca. 10m komplett und der Stollen endet im Ort.

Informationen zu diesem Stollen konnten in den Akten der Grube Liesenburg nicht gefunden werden.

Abb. 7: Haldenreste des Tagebaus und des Stollens[15]

Abb. 8-12: Der Stollen Nathan[16]

---

15 Foto: Mario Watzek, 2014
16 Ebenda

Abbildung 8

Abbildung 9

Abbildung 10

Abbildung 11

Abbildung 12

Grube Hugo 1

Der Markscheider Mittelbach legte am 24. Oktober 1883 für die Gewerkschaft Sauerland Muthung auf ein gegenüber der Grube Liesenburg befindliches Erzvorkommen ein, welches sich vom Tal der Apollmicke nach Westen über den Berg "in der Hell" zog. Er begehrte die Verleihung mit Eisenerz, Zinnober und Schwefelkies und gab der Muthung den Namen "Hugo".

Die Besichtigung der am 28. Oktober 1883 durch Bauer Leonard Michels aus Attendorn namens der Gewerkschaft Sauerland eingelegten Muthung erfolgte 20. November 1883.

In dieser Inaugenscheinnahme wurde vom Bergamt festgehalten, dass es sich um einen am Liegenden[17] des Porphyrs befindlichen Gang handelte, der mit 35 ° nach Westen einfällt. Die Mächtigkeit war noch nicht zu ermitteln, wurde aber auch auf über 1,30 m geschätzt.

Die Lagerstätte bestand vom Liegenden zum Hangenden[18] aus:

Schwerspat mit Quarz und Brauneisenstein, Quarz und Brauneisenstein, Brauneisenstein in einer Mächtigkeit von 0,30 m, der hauptsächlich aus braunem Glaskopf bestand.
Zinnober konnte nicht nachgewiesen werden und so wurde hierauf verzichtet.

Am 16. Dezember 1883 wurde dann die Muthung gelöscht! Wegen eines Formfehlers wurde die Muthung erneut am 22. Dezember 1883 eingelegt. Die Lagerstätte sollte nun den Namen "Hugo I" erhalten.

Auf dem Streichen des gleichen Gangzuges wie bei der Grube Liesenburg wurde von 1884 an im Westen am Hohenhagen die Grubenfelder Hugo 1, 2, 3 und 4 verliehen.

---

17 Der Bergmann nennt das Gebirge unter einer Lagerstätte „das Liegende".
18 Der Bergmann nennt das Gebirge über einer Lagerstätte „das Hangende".

Abb. 13: Taleinschnitt und Halde des Stollens im Grubenfeld Hugo 1[19]

19 Foto: Mario Watzek, 2015

Grube Hugo 2

Am 28. Oktober legte der Bauer Leonard Michels auf das Eisenerz- und Zinnober- und Schwefelkiesvorkommen Hugo 2 Muthung ein. Am 20. 12.1883 wurde die Muthung durch die Gewerkschaft Sauerland wiederholt. Der Fundpunkt befand sich in der Flur Stelzbruch, westlich von Hugo 1.

Eine Besichtigung fand am 20. November 1883 an der am 28. Oktober 1883 durch Bauer Leonard Michels aus Attendorn namens der Gewerkschaft Sauerland eingelegten Muthung statt.

In der Feldesbesichtigung stellte das Bergamt fest, dass der westliche einfallende Gang nur unzureichend freigelegt war.

Die Mächtigkeit lag 0,62 m mit einer Ausfüllung von Schwerspat mit Braueisenstein.

Im Hangenden folgte rot-gelber Ocker von 0,14 m Mächtigkeit.

Man nahm an, dass der Ocker Zinnober und/oder Schwefelkies sei. Dies war nicht der Fall, daher wurde auf diese Mineralien verzichtet.

Die Muthung wurde am 21. Dezember 1883 durch Hugo Fuchs zu Bochum neu eingelegt, nachdem der frühere Besitzer verzichtet hatte.

Die Verleihung erfolgte am 19. Mai 1885.

Grube Hugo 3

Am 28. November 1883 legte der Bauer Leonard Michels, auf das Eisenerz- und Schwefelkiesvorkommen Hugo 2 Muthung ein.

Man hatte inzwischen begriffen, dass die rote Erde kein Zinnober ist.

Die Muthung wurde am 14. Januar 1884, unter Bezug auf §§ 17 u. 18. Allg. Berggesetz gelöscht.

Eine wiederholte Muthung geschah am 22. Januar 1884 für die Gewerkschaft Sauerland durch Leonard Michels auf Eisenerz.

Der Fundpunkt befand sich in der Flur Stelzbruch, westlich von Hugo 1.

Die Besichtigung zu der von Bauer Leonard Michels names der Gewerkschaft Sauerland am 28. Oktober 1883 eingelegten Muthung fand am 20. November 1883 satt.

Fortsetzung von Hugo I, der mit 35 ° nach Westen einfallende, 0,62 m mächtige Gang.

Die Gangausfüllung bestand aus Schwerspat, Quarz, Eisenkiesel und derben, dichten Brauneisenstein.

Die Muthung wurde durch Leonard Michels zurückgezogen, da er den Nachweis über die Gewerkschaft Sauerland nicht beibringen konnte.

Erneut wurde am 19. Mai 1885 an Markscheider Mittelbach zu Bochum verliehen.

Am 26. Oktober 1887 ging Hugo 3 dann an die Gewerkschaft Sauerland über.

Grube Hugo 4

Am 3. Dezember 1883 legte der Bauer Leonard Michels, auf das Eisenerz- und Schwefelkiesvorkommen Hugo 4 Muthung ein.

Der Fundpunkt befand sich in der Flur Stelzbruch, westlich von Hugo 1. Die Besichtigung dazu fand 22. Januar 1884 statt.

Fortsetzung war wieder der von Hugo 1 35° nach Westen einfallende, 0,62 m mächtige Gang.

Die Ausfüllmasse hier bestehend aus Schwerspat mit Quarz, Eisenkiesel und Brauneisenstein welcher teilweise in Glaskopf übergeht.

Kiese wurden nicht nachgewiesen und so wurde darauf verzichtet.

Am 19. April 1885 wurde die Muthung durch Leonard Michels ebenfalls zurückgezogen, da er den Nachweis über die Gewerkschaft Sauerland nicht beibringen konnte.

Einen Monat darauf, am 19. Mai 1885 wurde das Grubenfeld wieder verliehen. Auch hier wieder an den Markscheider Mittelbach zu Bochum.

Betrieb der Hugo Gruben.

Nach den betriebenen Schürfarbeiten zur Offenlegung der Funde für die Verleihung wurde nun 1885 ein Tiefer Aufschluß im Tal angefangen. Dazu wurde ein Stollen im Feld Hugo 1 angesetzt. Der Stollen sollte nun bis unter alle erschürften Punkte getrieben werden, um die Lagerstätte aufzuschließen und diese mittels Tagesüberhauen zu den Fundpunkten zu untersuchen und eine Belüftung des Stollens zu erreichen. Der Muther Leonard Michels übernahm als Steiger die Betriebsführung. Doch schon bald erfolgte ein Unterbrechung.

Abb. 14-15: Verleihungsriss der Gruben HUGO 1-4[20]. Der Akte sind zwei Risse begefügt.

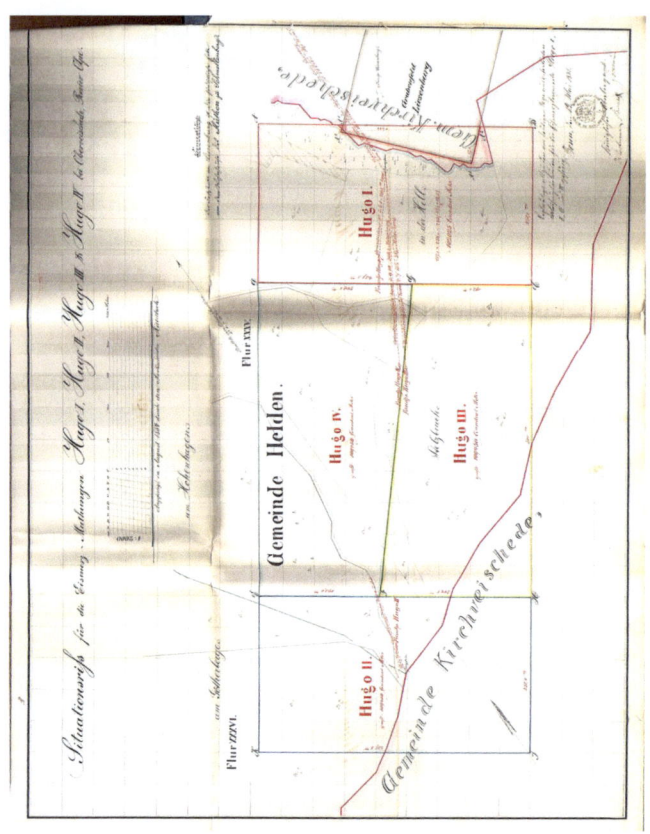

20 Riss aus der Grubenakte Hugo 1, LVA NRW W Bergämter 16733 Hugo 1

Abbildung 15

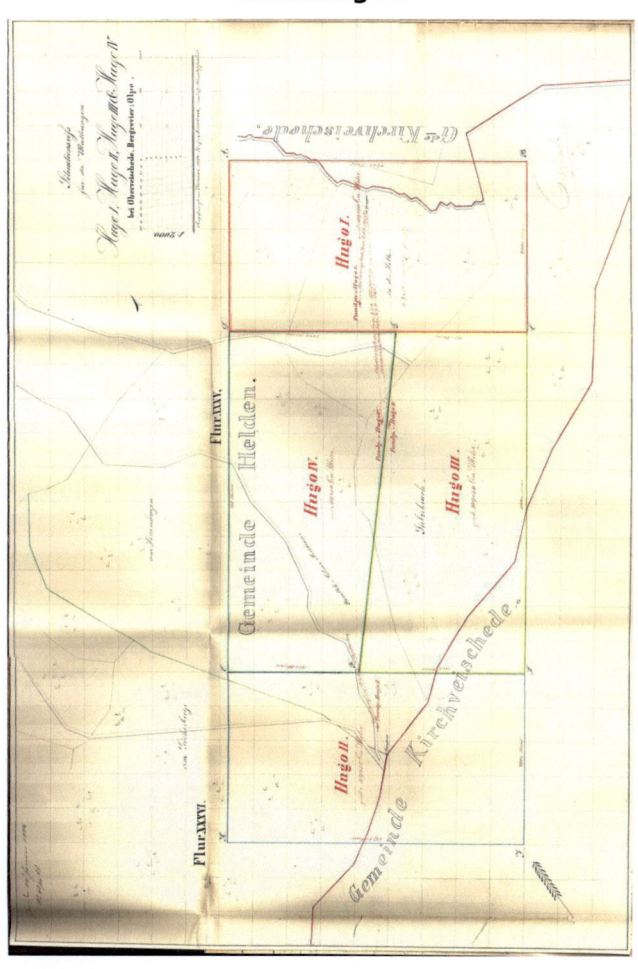

29

Erst 1887 wurde der weitere Vortrieb des bis dahin 50 m langen Stollens beschlossen. Alle Grubenfelder Hugo 1-4 waren am 26. Oktober 1887 auch rechtlich an die Gewerkschaft Sauerland übergegangen.

Steiger Michels wurde entlassen und durch einen anderen Steiger ersetzt. Dies war Friedrich Jung, der bisher auf der Grube Elpertshagener Vereinigung gearbeitet hatte. Als erste Tätigkeit des neuen Steigers wurde der Stollen nachgerissen und eine Wagenförderung eingerichtet.

Der Stollenvortrieb geschah durch einen Steiger und einen Hauer und erreichte bei 90 m den Gang. In der Folge wurde die Stollenstrecke nach rechts und links auf diesem Gang aufgefahren. Das Stollensystem erreichte eine Gesamtlänge von 123 m. Der größte Teil des überfahrenen Ganges von 33 m Länge war völlig taub. Es fand sich nur sehr wenig Eisenerz. Die Funde aus dem übertägigen Schürfen konnten also nicht bestätigt werden.

Nach einem halben Jahr wurde der Betrieb daher wieder eingestellt und die Grube Hugo 1-4 aufgegeben.

Abb. 16: Zeitungsbericht Sauerlandkurier zum o.g. Artikel der 1914 im Sauerländschen Volksblatt. Hartmut Poggel & Mario Watzek 04.05.2014

19. Jahrg. · 04.05.2014 · 071 · WEST

SAUERLANDKURIER

für Olpe, Drolshagen, Wenden, Attendorn und Umgebung

Geschäftsstelle: Löherweg 13 · 57462 Olpe

Tel. 0 27 61/9 39 90 · Fax 0 27 61/93 99 99 · www.sauerlandkurier.de · eMail: olpe@sauerlandkurier.de

Platin in Oberveischede

Notiz im „Sauerländer Volksblatt" am 5. Mai 1914

■ Von Mario Watzek und Hartmut Poggel

Oberveischede.
Die Geschichte ähnelt einer echten „Räuberpistole".
Morgen, 5. Mai, jährt sich zum 100. Male eine Notiz im „Sauerländer Volksblatt", die 2014 zum Schmunzeln anregt. Wie den Betroffenen damals zumute war, ist nicht überliefert. Es geht um einen sensationellen Platinfund bei Oberveischede.

Mario Watzek, Co-Autor dieses Artikels, ist Fachmann für den regionalen historischen Bergbau, hat mit Dietmar Gurres den Olper Bergbauweg an der Rhonard angelegt und mit Gurres auch die Wanderungen auf historischen Bergbaupfaden in Kooperation mit dem SAUERLANDKURIER moderiert.

Platin? Da war doch was! Richtig, nur wenige Monate zuvor war da was – in Möllmicke, wo „das größte Platinbergwerk Deutschlands" eröffnet werden sollte.

Die Ähnlichkeiten zwischen beiden Vorfällen sind kaum von der Hand zu weisen. Hier zunächst die Notiz im „Volksblatt" vom 5. Mai 1914, nachzulesen im Kalender Alt-Olpe 2014:

„Oberveischede. Das Vorhandensein von Platin, welches schon längere Zeit in unseren Bergen vermutet wurde, hat sich erfreulicherweise durch Analysen soweit bestätigt, daß die deutsche landwirtschaftliche Treuhandgesellschaft, Sitz Leipzig, am Sonntag sich den Ankauf von über 1000 Morgen Grundbe-

sitz von den hiesigen Bewohnern durch Abschluß notarieller Verträge gesichert hat. Die Gesellschaft will mit der Gewinnung der Edelmetalle schon in nächster Zeit beginnen. Man erwartet, dass es den Bemühungen unserer heutigen Technik gelingt, ein billigeres Extraktionsverfahren zu ermitteln.

Den Grundbesitzern ist es freigestellt, innerhalb eines Jahres zu erklären, ob sie eine Dividende oder eine bestimmte Abfindung beanspruchen.

Durch die beabsichtigte bergbauliche Anlage wird voraussichtlich auch ein neues ergiebiges Arbeitsfeld sich erschließen, was man nur drin-

Artikel weckte Hoffnungen

gend wünschen kann, da es bisher an industriellen Anlagen und an Arbeitsgelegenheit mangelt. Man kann daher auch eine wirtschaftliche Hebung unserer Gemeinde erhoffen." Wer sich heute über die vermeintliche Leichtgläubigkeit der damaligen Bevölkerung mokiert, der sei nur einmal an die berühmt-berüchtigten Anlagemöglichkeiten in westafrikanische Gold- und Diamantminen mit astronomischen Renditenversprechen erinnert.

Der am 5. Mai 1914 veröffentlichte Artikel schürte die Euphorie der Dorfbewohner, die auf eine schon längere Bergbaugeschichte zurückschauten. Diese war zwar nie von großer Bedeutung, es muss jedoch wie ein Festtag für die Dorfbewohner gewesen sein.

→ Weiter auf Seite 2

Am 5. Mai 1914 erschien diese Meldung über den „Platinfund" von Oberveischede; nachzulesen im Kalender Alt-Olpe 2014. Repro: SauerlandKurier

anfall.

—0— Oberveischede, 5. Mai. Das Vorhandensein von Platin, welches schon längere Zeit in unseren Bergen vermutet wurde, hat sich erfreulicherweise durch Analysen soweit bestätigt, daß die Deutsche landwirtschaftliche Treuhandgesellschaft, Sitz Leipzig, am Sonntag sich den Ankauf von über 1000 Morgen Grundbesitz von den hiesigen Bewohnern durch Abschluß notarieller Verträge gesichert hat. Die Gesellschaft will mit der Gewinnung der Edelmetalle schon in nächster Zeit beginnen. Man erwartet, daß es den Bemühungen unserer heutigen Technik gelingt, ein billigeres Extraktionsverfahren zu ermitteln. Den Grundbesitzern ist es freigestellt, innerhalb eines Jahres zu erklären, ob sie eine Dividende oder eine bestimmte Abfindung beanspruchen. Durch die beabsichtigte bergbauliche Anlage wird voraussichtlich auch ein neues ergiebiges Arbeitsfeld sich erschließen, was man nur bringend wünschen kann, da es hier bisher an industriellen Anlagen und an Arbeitsgelegenheit mangelt. Man kann daher auch eine wirtschaftliche Hebung unserer Gemeinde erhoffen.

„Treuhand" erst zwei Jahre zuvor gegründet

In Oberveischede gibt es keinerlei Hinweise auf Grundstücksübertragungen im Jahr 1914

→ Fortsetzung von Seite 1 Oberveischede.

Wie bereits ein Jahr zuvor in Möllmicke, sollen Analysen ergeben haben, dass auch in Oberveischede ein Platinvorkommen bestehe. Die Größe der Grundstücke entspricht 350 FIFA-genormten Fußballfeldern. Die Freude darüber kann allerdings kaum von langer Dauer gewesen sein, denn ein Abbau auf Platin hat, ebenso wie in Wenden nie statt gefunden.

Ausführliche Recherchen ergaben keinerlei Hinweise auf Platinbergbau in Oberveischede. Weder bei der Bezirksregierung Arnsberg (ehem. Bergämter) noch in den unzähligen Archiven ließ sich die geringste Spur finden, dass es in Oberveischede zum Abbau von Platin gekommen ist. „Diese Notiz aus dem ‚Sauerländischen Volksblatt' ist auch hier bei uns der damals einzige öffentliche Vermerk zu dieser Angelegenheit", so Olpes Stadtarchivar Josef Wermert.

Mario Watzek: „Man kann davon ausgehen, dass es sich um eben die gleiche ‚Affäre' handelt, wie sie in Wenden stattgefunden hat." Die klein-flächigen Bodenanalysen wurden in horrende Vorkommen hochgerechnet, Abbau- und Förderzahlen in unfassbaren Größen genannt und nicht zuletzt wuchernd hohe Kuxe (Anteile) an den Mann gebracht, die in Wirklichkeit nicht einen Pfennig wert waren.

Interessant: Die „Landwirtschaftliche Treuhand" wurde erst 1912 gegründet, 1921 ging sie in einer anderen Gesellschaft auf. Sie bestand demnach nur zwei Jahre vor und drei Jahre nach dem Ersten Weltkrieg. Mario Watzek kommt zum Schluss, dass „für die Initiatoren der 1. Weltkrieg fast ein Glücksfall gewesen sein muss, ließ er doch sozusagen Gras über das Platin wachsen". Watzek weiter: „Die Gründung der Gesellschaft fand erst kurz vor dem Platinfund in Wenden statt. In den Geschäftsberichten der Treuhand, die just in dem Jahr des Platinfundes in Wenden begannen, finden sich keinerlei Notizen über Oberveischede, geschweige den über Platinabbau. Sollte so ein sensationeller Fund nicht eigentlich in den Akten auftauchen? Alles in allem kann wohl davon ausgehen, dass es nichts weiter als ein großer Schwindel war. Initiiert von fremden Unternehmern und Banken, die nur auf die Gelder und Grundstücke armer Dorfbewohner aus waren." Dass Oberveischede eine lange Tradition als Bergbauort hat, machte es vermutlich den gewieften „Investoren" leicht, die Gutgläubigkeit einiger Grundstücksbesitzer auszunutzen. In Oberveischede, so Sigrid Mynar, Sprecherin der Heimatfreunde Oberveischede, gibt es keine überlieferten Notizen oder Erzählungen zu irgendwelchen Platinfunden. Mynar: „Obwohl wir zahlreiche andere ‚Historichen' aus dem vorigen Jahrhundert recherchiert und aufgeschrieben haben. Ein so großer Grundstückswechsel, wie der beschriebene, und erst Recht, wenn sich dieser als Skandal' entpuppt hätte, wäre sicherlich nicht so schnell vergessen worden. Auch die heutigen Grundstücksverhältnisse in unserem Dorf geben keinen Hinweis. Vielleicht waren unsere Dorfbewohner ja pfiffig genug, um nicht in Gänze auf diesen Schwindel herein zu fallen? Mich würde das nicht wundern."

Watzek und Oliver Glasma-cher bereiten übrigens zurzeit eine umfangreiche Publikation zum Bergbau in Oberveischede vor.

Co-Autor Mario Watzek ist Fachmann für den regionalen historischen Bergbau, hat mit Dietmar Gurres auch den Olper Bergbauweg an der Rhonard angelegt und moderierte mit Gurres auch die historischen Bergbauwanderungen in Kooperation mit dem SAUERLANDKURIER.

☞ www.wandern-auf-bergmannsspuren.de

Dieser Artikel kann auch im Internet in besserer Auflösung eingesehen werden.

http://www.bergbau-olpe.de/platin.html

Oder in Komplettausgabe des Kuriers:

http://www.sauerlandkurier.de/fileadmin/user_uploa
d/epaper/2014-05-04/071/071_2014-05-04.pdf

QR-Code zu Link 1

QR-Code zu Link 2

Quellen:
LVA NRW W Bergämter 16364 Liesenburg
LVA NRW W Bergämter 16733 Hugo 1
LVA NRW W Bergämter 16731 Hugo 2
LVA NRW W Bergämter 16730 Hugo 3
LVA NRW W Bergämter 16679 Hugo 4

www.alterbergbau.de

Alter Bergbau im Sauerland

www.bergbau-olpe.de